BEI GRIN MACHT SICH IHR WISSEN BEZAHLT

- Wir veröffentlichen Ihre Hausarbeit,
  Bachelor- und Masterarbeit

- Ihr eigenes eBook und Buch -
  weltweit in allen wichtigen Shops

- Verdienen Sie an jedem Verkauf

Jetzt bei www.GRIN.com hochladen
und kostenlos publizieren

Benjamin Brauer

Standardisierung von Formularen im Web mittels der Markup-Language XForms

GRIN Verlag

Bibliografische Information der Deutschen Nationalbibliothek:

Die Deutsche Bibliothek verzeichnet diese Publikation in der Deutschen National-
bibliografie; detaillierte bibliografische Daten sind im Internet über http://dnb.d-
nb.de/ abrufbar.

Impressum:

Copyright © 2010 GRIN Verlag, Open Publishing GmbH
Druck und Bindung: Books on Demand GmbH, Norderstedt Germany
ISBN: 978-3-640-69955-1

Dieses Buch bei GRIN:

http://www.grin.com/de/e-book/155809/standardisierung-von-formularen-im-web-
mittels-der-markup-language-xforms

GRIN - Your knowledge has value

Der GRIN Verlag publiziert seit 1998 wissenschaftliche Arbeiten von Studenten, Hochschullehrern und anderen Akademikern als eBook und gedrucktes Buch. Die Verlagswebsite www.grin.com ist die ideale Plattform zur Veröffentlichung von Hausarbeiten, Abschlussarbeiten, wissenschaftlichen Aufsätzen, Dissertationen und Fachbüchern.

Besuchen Sie uns im Internet:

http://www.grin.com/

http://www.facebook.com/grincom

http://www.twitter.com/grin_com

Standardisierung von Formularen im Web mittels der Markup-Language XForms

Autor: Benjamin Brauer

Hochschule: Beuth Hochschule für Technik Berlin

Inhaltsverzeichnis

Abkürzungen

AJAX = Asynchronous JavaScript and XML

HTML = Hypertext Markup Language

HTTP = Hypertext Transfer Protocol

IETF = Internet Engineering Task Force

URI = Uniform Resource Identifier

W3C = World Wide Web Consortium

XAML = Extensible Application Markup Language

XML = Extensible Markup Language

XHTML = Extensible HyperText Markup Language

XUL = XML User Interface Language

Gegenstand und Ziele des XForms-Standard

XForms ist ein auf XML [1] basierender Standard, der vom W3C herausgegeben wird. Gegenstand des Standards ist eine plattformunabhängige XML-Standard konforme Auszeichnungssprache zur Beschreibung von Formularen zur Bearbeitung und Übertragung von XML-Dokumenten. [2] Das primäre Ziel des Standards ist es einen eigenständigen Ersatz für HTML-Forms im Web zu entwickeln. Darüber hinaus werden folgende Ziele verfolgt [3]:

- Unterstützung strukturierter Daten im XML-Format
- Erweiterte Ausführungslogik von Formularen auf der Seite des Clients zur Reduzierung der Kommunikation mit dem Server
- Dynamischer Zugriff auf Datenquellen auf dem Server während der Ausführung des Formulars auf einem Client
- Trennung von Daten, Ausführungslogik und Repräsentation
- Nahtlose Integration von XForms-Formularen in andere Sprachen der XML-Familie
- Verbesserte Internationalisierung und Barrierefreiheit
- Möglichkeit der Verwendung mehrerer Formulare in einem Dokument und eines Formulars in mehreren Dokumenten
- Möglichkeit zur Unterbrechung und Wiederaufnahme des Interaktionsvorgangs

Stand des Standardisierungsprozesses und Versionsvergleich

Die erste Working Draft Version des Standards wurde im August 2000 vom W3C veröffentlicht. Nach dem Durchlaufen des offiziellen Standardisierungsprozesses wurde XForms 1.0 im Oktober 2003 als W3C Recommendation veröffentlicht. Im Oktober 2007 erschien die dritte Überarbeitung XForms 1.0 (Third Edition). Diese Version beinhaltet Verbesserungen, die aus vier Jahren Erfahrungen in der Anwendung des Standards in der Industrie resultierten. [4]

Von 2004 bis 2009 lief der Standardisierungsprozess für die Version 1.1 von XForms. Diese Version ist am 20. Oktober 2009 als W3C Recommendation veröffentlicht worden. [4] Folgende Unterschiede bestehen zur Version 1.0 [2]:

- Verbesserte Unterstützung der Kommunikation mit SOAP-Websevices, RESTful Webservices, ATOM-basierten Webservices und nicht-XML Webservices (z.B. JSON-basierte Webservices)
- Verbesserte Kontrolle über den Datenübertragungsprozess und die Datenserialisierung
- Erweiterung der verwendbaren Datentypen für die Datenstruktur
- Erweiterung der unterstützen Funktionen von XPath-Ausdrücken
- Feinere Definition und Klassifikation der Erscheinung und des Verhaltens der Controls
- Erweiterung der verfügbaren Actions, so dass alle Actions und Mengen von Actions bedingt oder iterativ ausgeführt werden können

XForms sollte als Teil des XHTML 2.0 Standards, die im HTML- und XHTML-Standard bis dahin verwendeten Elemente für Formulare ersetzen. Der XHTML 2.0 Standardisierungsprozess und die zugehörige Working Group wurden jedoch vom W3C zum Ende des Jahres 2009 ohne Aussicht auf Wiederaufnahme ausgesetzt, ohne dass der Standard im Status einer Recommendation veröffentlicht wurde. [5] Der XForms-Standard wird dessen unbeachtet von der Forms Working Group unter dem Dach des W3C weiter entwickelt.

Die Mitglieder der Working Group des W3C, die für die Weiterentwicklung und Pflege des Standards verantwortlich ist, stammen aus Unternehmen wie IBM, DreamLab, PicoForms, SATEC, Orbeon, Sun, XEROX oder Google. [2]

Vergleich zu HTML-Forms

HTML-Forms bezeichnet die Elemente und die damit verbundenen Programmabläufe für die Beschreibung von Formularen im HTML-Standard ab der Version 2.0. HTML-Forms sind im Web allgegenwärtig. Ohne diese wären die Interaktionsmöglichkeiten heutiger Webseiten nicht zu realisieren. Jedoch zeigten sich in der Praxis Nachteile der HTML-Forms, die zu der Entwicklung des hier beschriebenen XForms-Standard führten und dessen Vorteile begründen. [6]

Einer der häufig genannten Nachteile von HTML-Forms ist die Abhängigkeit von Skriptsprachen und hier insbesondere JavaScript. Nur mithilfe von Skriptsprachen sind übliche Anforderungen wie Eingabeprüfungen, berechnete Felder oder dynamische Layouts umsetzbar. Als Folge muss neben dem HTML für die Formulare auch der zugehörige Script-Code entwickelt und gewartet werden, was zum einen eine Zunahme der Komplexität bedeutet, zum anderen eine Zunahme möglicher Fehlerquellen. In der Praxis führt die Bedeutung der Skriptsprache JavaScript dazu, dass auf diese Sprache spezialisierte Entwickler beschäftigt werden müssen. [6]

Die Initialisierung von Formularen ist ein weiterer Nachteil der HTML-Forms. Angemeldeten Benutzern werden auf Webseiten nicht leere Formulare präsentiert, sonder oft solche mit zuvor bereits von dem Benutzer gemachten Eingaben. Die Initialisierung solcher Formulare erfordert bei HTML-Forms die Anpassung des Markups auf dem Server, da Initialwerte nur über ein statisches Attribut möglich sind. Dies ist einer der Gründe für die Nutzung von Systemen zur Template-Verarbeitung für HTML-Dokumente. Es ist von Nachteil, dass dieser Prozess der Initialisierung auf dem Server wertvolle Rechenzeit benötigt und nicht an den Client ausgelagert werden kann. [6]

HTML-Forms haben auch den Nachteil, dass diese nur eine flache Datenstruktur mit Schlüsselwertpaaren zum Server übertragen können. Die Übertragung komplexerer hierarchischer Datenstrukturen ist nur umständlich durch Workarounds mit Scripting auf dem Client realisierbar. [6]

Ein nicht offensichtlicher Nachteil von HTML-Forms ist die zugrundeliegende Annahme eines einstufigen Prozesses. HTML-Forms sind nach dem Funktionsprinzip einer einmaligen Kommunikation zwischen Client und Server entwickelt worden. Der Server liefert ein Formular an den Client. Der

Client sendet Eingabewerte eines Benutzers in dem Formular an den Server. Damit ist der Prozess bei HTML-Forms beendet. In praktischen Szenarios bilden Formulare aber häufig komplexere Workflows ab, die mehrere Schritte umfassen können. Ein Antrag in einer Behörde kann beispielsweise die Zustimmung mehrerer Instanzen erfordern, ehe diesem zugestimmt werden kann. Diesen Prozess mit einem Formular abzubilden erfordert einen mehrstufigen Kommunikationsprozess, der mit HTML-Forms nicht darstellbar ist. [6]

Zusammenfassend sind HTML-Forms durch folgende Nachteile gekennzeichnet:

- Starke Abhängigkeit von Skriptsprachen wie JavaScript für übliche Anforderungen
- Initialisierung von Formularen mit Werten ist auf Client-Seite statisch
- Nur flache Schlüsselwertpaare werden als Datenstruktur unterstützt
- Annahme eines einstufigen Prozesses

Der XForms-Standard löst diese Nachteile von HTML-Forms:

Die starke Abhängigkeit von Skriptsprachen wird in XForms reduziert. Eingabeprüfungen, berechnete Felder und dynamisches Layout sind in XForms meist über Deklarationen abbildbar. Dazu dienen zum einen mit XPath definierbare Eingabeprüfungen und Berechnungen zum anderen XForms Actions die dynamisch auf XML Events reagieren.

Die Initialisierung von Formularen ist in XForms von der Definition der Repräsentation getrennt. Dadurch kann eine externe Datenquelle in Form eines XML-Dokuments für die Initialisierung genutzt werden. Das Markup des Formulars selbst muss für die Initialisierung nicht angepasst werden.

XForms arbeitet mit XML-Dokumenten als Datenstruktur für die Übertragung zum Server. Damit sind auch komplexere hierarchische Datenstrukturen abbildbar.

XForms bietet Möglichkeiten einen Formulareingabeprozess mit mehreren Bearbeitungsinstanzen zu modellieren. Damit sind auch komplexere Workflows mit XForms leichter umsetzbar.

Grundlegende Prinzipien von XForms

XForms ist ein vom XML-Standard abgeleitete Anwendungssprache zur Deklaration von Formularen im Kontext anderer XML-Sprachen. XForms ist daher nicht alleinstehend einsetzbar, sondern nur eingebettet in andere XML-Dokumente. [2]

XForms baut auf dem Prinzip der Trennung zwischen Datenstruktur, Ausführungslogik sowie Präsentation auf und orientiert sich dabei am Model-View-Controller Entwurfsmuster. Für die Präsentation stehen in XForms diverse Controls zur Verfügung. Die Ausführungslogik zur Reaktion auf Benutzereingaben wird mit Actions deklariert. Die Deklaration der Datenstrukturen und zugehöriger Logik wird in XForms als Model bezeichnet. Ein Mechanismus der in XForms Binding genannt wird verbindet die Controls der Präsentationsschicht mit der Datenstruktur im Model. [2]

Die Deklaration eines konkreten XML-Dokuments als Datenstruktur, die ein Teil des Models bildet, wird als Instance bezeichnet. Ein Model kann mehrere Instances enthalten. Durch das Binding werden Controls an einen oder mehrere Knoten einer Instance gebunden. Darüber hinaus können über das Binding den Knoten einer Instance Eigenschaften wie Datentyp, Berechnungen oder Eingabebeschränkungen hinzugefügt werden. Für die Auswahl von Knoten wird in XForms auf den XPath-Standard [7] zurück gegriffen, der um eigene Funktionen erweitert wird. Teil des Models ist auch die Deklaration der Kommunikation mit dem Server, die als Submission bezeichnet wird. [2]

Die Controls repräsentieren Semantiken einer höheren Ebene als bei anderen bekannten Technologien zur Erstellung grafischer Benutzerschnittstellen wie beispielsweise Windows-Forms [8]. Die Controls sind stärker losgelöst von der visuellen Darstellung und eher inhaltlich ausgerichtet. So unterscheidet XForms nur die Controls select und select1 für die Auswahl von Elementen aus einer vorgegebenen Menge, wohingegen es beispielsweise in Windows-Forms an der Repräsentation orientierte Controls gibt wie Liste, Kombobox oder Optionsgruppe. [2][8]

Für Ereignis basierte Reaktionen auf Benutzereingaben stehen in XForms eine Menge von als Actions bezeichneten Elementen bereit. Für die Anbindung an Ereignisse wird der XML Events Standard [9] verwendet. Die Actions können einzeln oder als Gruppe als Reaktion an ein XML-Event gebunden werden. [2]

Eine Software, die den XForms-Standard implementiert und damit mit XForms erstellte Formulare darstellen und verarbeiten kann wird als XForms-Prozessor bezeichnet. [2]

XForms Funktionalität dargestellt an einem Beispiel

Ein Beispiel soll an dieser Stelle die zuvor beschriebenen grundlegenden Prinzipien der Funktionsweise von XForms verdeutlichen. Das Beispiel beschreibt ein einfaches Formular zur Bearbeitung von Kontaktdaten. Die Kontaktdaten sind in Gruppen geordnet und jeder einzelne Kontakt hat als Attribute einen Namen und eine Email.

Das Formular ist in ein Dokument nach dem XHTML 1.0 Standard [10] eingebettet. Die Beschreibung des Beispiels erfolgt nach Themen getrennt anhand einzelner Ausschnitte des Codes. Der vollständige Code ist im Anhang zu finden. Das Beispiel deckt nur einen Teilbereich aller vom XForms-Standard bereit gestellten Attribute und Elemente ab. Die ausführliche Beschreibung aller Elemente und Attribute ist der offiziellen Beschreibung des Standards vom W3C zu entnehmen. [2]

Um XForms in einem Dokument verwenden zu können sollte es als eigener XML Namespace eingebunden werden. Im Beispiel erfolgt dies über das Präfix „xfm", wie folgender Auszug zeigt:

```
...
<html xmlns=http://www.w3.org/1999/xhtml
    xmlns:xfm=http://www.w3.org/2002/xforms
    xmlns:ev="http://www.w3.org/2001/xml-events" xml:lang="en">
...
```

Die Datenstrukturen eines Formulars werden innerhalb eines model-Elements deklariert. Es besteht die Möglichkeit mehrere Models zu deklarieren. Folgender Auszug zeigt beispielhaft den Aufbau der Deklaration der Datenstrukturen eines Models:

```
<head>
    ...
    <xfm:model id="contacts">
      <xfm:instance xmlns="">
        <contacts>
          <group name="Business">
            <contact name="Fritzchen Müller" email="fmueller@foobar.com" />
            ...
          </group>
        </contacts>
      </xfm:instance>
      ...
    </xfm:model>
    ...
</head>
```

Das deklarierte Model mit der *id* contacts enthält ein *instance*-Element. Ein *instance*-Element stellt die Intialisierung einer Datenstruktur innerhalb eines Models in Form eines XML-Dokuments dar. Ein Model kann aus mehreren Instances bestehen. Das *instance*-Element im Beispiel beinhaltet die initialen Kontaktdaten. Im Beispiel werden diese eingebettet deklariert. Es besteht auch die Möglichkeit externe XML-Dokumente mit dem Attribut *src* des instance-Elements über eine URI einzubinden. Dies ermöglicht beispielsweise den Abruf von initialen Daten über einen Webservice.

Das Binding ermöglicht es im Model eine Knotenmenge einer Instance für eine spätere Verknüpfung mit einem Control auszuwählen und Eigenschaften für diese zu definieren. Dies können die Deklaration des Datentyps, eine Eingabevalidierung und/oder eine Berechnung sein. Folgender Auszug demonstriert die Deklaration des Bindings innerhalb eines Models:

```
<xfm:model id="contacts">
    <xfm:bind nodeset="instance('contacts')/contacts/group/contact/@email"
        id="bind_email" type="xfm:email" />
    <xfm:bind nodeset="instance('contacts')/contacts/group/contact/@name"
        id="bind_name" constraint="string-length()<10" />
    ...
</xfm:model>
```

Ein *bind*-Element stellt eine Knotenmenge der Instance-Daten dar, die an ein Control gebunden werden kann. Die Auswahl der Knotenmenge der Instance-Daten eines *bind*-Elements erfolgt über das Attribut *nodeset* mit einem XPath-Ausdruck. Im Beispiel werden im ersten *bind*-Element alle *email*-Attribute der *contact*-Elemente ausgewählt. Das *id*-Attribut dient zur späteren Referenzierung des *bind*-Elements bei einem Control. Der Datentyp kann über das *type*-Attribut deklariert werden. Im Auszug wird der Datentyp *email* angegeben. Eine Regel zur Validierung der Eingabe erfolgt über das Attribut *constraint*. Die Validierungsregel wird über ein XPath-Prädikat deklariert, das ein boolesches *true* bei korrekter Eingabe zurück liefert.

Die Übertragung der Daten zurück zu einem Server wird über ein *submission*-Element im Model deklariert. Dies bezieht sich auf eine im Model deklarierte Instance. Folgender Auszug zeigt die Deklaration am Beispiel:

```
<xfm:model id="contacts">
    ...
    <xfm:submission id="submit_contacts" ref="instance('contacts')"
        method="post" resource="http://my.web.com/contacts" />
</xfm:model>
```

Zur späteren Referenzierung dient im Beispiel wiederum das *id*-Attribut. Mit dem *ref*-Attribut wird mit einem XPath-Ausdruck die Instance oder eine Teilmenge einer Instance als Daten für die Übertragung ausgewählt. Das method-Attribut beschreibt die Methode der Übertragung. Zur Verfügung stehen beispielsweise die Methoden des HTTP-Standards wie *get* oder *post* [11]. Im Beispiel wird die *post*-Methode verwendet. Das *resource*-Attribut beschreibt die URI, an die die Instance-Daten gesendet werden. Über das *submission*-Element kann auch auf die Serialisierung und andere Details des Übertragungsprozesses Einfluss genommen werden.

Die Controls zur Beschreibung des Formularaufbaus werden im Body eines XHTML-Dokuments deklariert, wie folgender Auszug zeigt:

```
<body>
    <h1>My Contacts:</h1>
    <xfm:repeat model="contacts" nodeset="/contacts/group">
    <xfm:output ref="@name" />
    <xfm:repeat model="contacts" nodeset="contact">
    ...
        <xfm:input ref="@name">
        <xfm:label>Name:</xfm:label>
        </xfm:input>
    ...
    </xfm:repeat>
    </xfm:repeat>
...
</body>
```

In XForms werden zwei Typen von Controls unterschieden, Core Controls und Container Controls. Core Controls beschreiben die visuell darzustellenden Controls eines Formulars. Container Controls umschließen andere Controls und dienen sowohl der Deklarierung einer semantischen Zusammengehörigkeit der enthaltenen Controls als auch der Steuerung der Darstellung. Im Beispiel umschließen zwei *repeat*-Elemente als Container Controls die Core Controls, die eine wiederholte Visualisierung der enthaltenen Controls für die verknüpfte Knotenmenge der Instance-Daten steuern. Das *output*-Element, das *input*-Element und das darin enthaltene *label*-Element gehören zu den Core Controls. Durch die zwei umschließenden *repeat*-Elemente wird für jede Gruppe der Kontaktdaten das *output*-Element für den Gruppennamen wiederholt und für jeden in der Gruppe enthaltenen Kontakt das *input*-Element für den Namen des Kontakts.

Die Bindung eines Controls an die Instance-Daten erfolgt über das Binding. Es wird zwischen Single Node Binding und Node-Set Binding unterschieden. Für die Bindung eines Core Controls an einen Knoten der Instance-Daten steht das Single Node Binding bereit. Das Binding erfolgt dabei entweder über das *ref*-Attribut mit einem XPath-Ausdruck oder über das *bind*-Attribut mit der *id* eines im Model deklarierten *bind*-Elements. Im Beispiel wird nur die erste Variante über einen XPath-Ausdruck verwendet. Bei einem *bind*-Element für Knoten der Instance-Daten deklarierte Eigenschaften wie beispielsweise ein Datentyp gelten unabhängig davon, ob ein Control über das *ref*-Attribut oder das *bind*-Attribut verknüpft wird. Das *output*-Element wird im Beispiel an das *name*-Attribut des *group*-Elements gebunden. Der XPath-Ausdruck zur Bindung wird dabei im Kontext interpretiert, so dass im Beispiel der Startknoten für den XPath-Ausdruck des *output*-Elements das *group*-Element der Instance-Daten ist, das an das übergeordnete *repeat*-Element gebunden ist. Zur Bindung von Container Controls an eine Menge von Knoten steht das Node-Set Binding bereit. Über das *nodeset*-Attribut wird mit einem XPath-Ausdruck eine Gruppe von Knoten aus den Instance-Daten ausgewählt. Alternativ kann das *bind*-Attribut wie beim Single Node Binding zur Bindung an ein *bind*-Element über dessen *id* verwendet werden. Im Beispiel wird das erste *repeat*-Element mit einem XPath-Ausdruck an die Menge der *group*-Elemente gebunden, die Kind-Elemente des *contacts*-Elements der Instance-Daten sind. Die Angabe des *model*-Attributs ist sowohl beim Single Node Binding als auch beim Node-Set Binding optional. Dies verweist auf die *id* des zu verwendenden *model*-Elements.

Auf Benutzereingaben kann mithilfe von XML Events [7] durch Actions reagiert werden. Folgender Auszug zeigt beispielhaft die Verwendung einer Action:

```
...
<xfm:input ref="@email">
  <xfm:label>Email:</xfm:label>
  <xfm:message ev:event="xfm:xforms-invalid">No valid Email!</xfm:message>
</xfm:input>
...
```

Das im Beispiel verwendete *message*-Element gehört zu den Action-Elementen. Alle Action-Elemente werden über das *event*-Attribut aus dem Namespace des XML Events Standards an ein Event gebunden. Im Beispiel wird das *message*-Element an das *xforms-invalid* Event gebunden. Wenn das Event ausgelöst wird, wird die Action ausgeführt. Im Beispiel wird bei einer nicht validen Eingabe der Email eines Kontakts eine Nachricht angezeigt, um den Benutzer darüber zu informieren. Actions können sowohl als Kindelemente in Controls als auch als Kindelemente im Model deklariert werden.

Die Übertragung zum Server löst das Core Control Submit aus. Folgender Auszug zeigt die Verwendung des Controls:

```
...
<xfm:submit submission="submit_contacts">
  <xfm:label>Submit Contacts</xfm:label>
</xfm:submit>
...
```

Das *submission*-Attribut des *sumbit*-Elements weist auf die *id* des aufzurufenden *submission*-Elements. Das submission-Element beschreibt den Modus der Übertragung der Instance-Daten zum Server, wie zuvor bereits beschrieben wurde.

Das vorgestellt Beispiel zeigt anhand der vorgestellten Code-Ausschnitte, die gezielte Trennung von Präsentation, Daten und Ausführungslogik. Wie gezeigt wurde stehen für die Präsentation die Elemente aus der Menge der Controls bereit. Für die Daten werden eines oder mehrere Models mit Instances für die einzelnen Datenstrukturen deklariert. Eine Verknüpfung an die Controls erfolgt über das Binding mittels eines *bind*-Elements. Die Ausführungslogik bestimmen die Actions. Die Elemente der Actions werden mittels XML-Events an vom Benutzer ausgelöste Ereignisse gebunden.

Diskussion der Einsatzgebiete und Implementierungen

Die ursprüngliche Intention hinter der Aufstellung des XForms-Standards war es einen Ersatz für die HTML-Forms im Web zu entwickeln, der die Schwächen dieser beseitigt. Damit sollten sich für Formulare in der Webentwicklung ganz neue Möglichkeiten ergeben. Es ist aber festzustellen, dass dieser Standard kaum in der Webentwicklung verwendet wird. Neben dem Scheitern des XTHML 2.0 Standards [5] führt die Analyse der Ursachen für diesen Umstand zu der Betrachtung der verfügbaren Implementierungen des Standards.

Betrachtet man die Implementierungen fällt es auf, dass unter den aktuell verbreiteten Webbrowsern wie dem Internet Explorer, dem Mozilla Firefox, Apples Safari, Googles Chrome oder dem Opera keiner unmittelbar den XForms Standard unterstützt. [12] Dies bedeutet keiner dieser Browser kann ohne eine Erweiterung etwa in Form eines Plugins mit XForms erstellte Formulare darstellen. Auch die verfügbaren Erweiterungen sind weit davon entfernt den Standard fehlerfrei umzusetzen oder für alle Versionen der vorgestellten Browser bereit zu stellen. Viele dieser Erweiterungen werden sogar seit mehr als einem Jahr nicht mehr weiterentwickelt. [13][14][15] Ein Benutzer, der ein Formular im Web veröffentlichen möchte, wäre demnach schlecht beraten, diese in XForms zu deklarieren und direkt für die Übertragung an einen Client bereit zu stellen. Solche Formulare könnten im Webbrowser auf dem Client bei der Mehrzahl der Benutzer nicht korrekt dargestellt werden.

Zur Lösung dieses Problems wird ein Ansatz verfolgt, der es Entwicklern ermöglicht XForms trotz der geringen Unterstützung in Webbrowsern für die Entwicklung von Formularen zu verwenden. XForms wird bei diesem Ansatz in klassische HTML-Forms transformiert, damit es in den aktuellen Browsern darstellbar ist. Alle Funktionalitäten, die von HTML-Forms nicht unterstützt werden können dabei wiederum nur mit Scripting-Technologien wie JavaScript abgebildet werden. Zur Umsetzung dieser Funktionalitäten kommt insbesondere die AJAX-Technologie [16] zum Einsatz. Viele der am Markt befindlichen Lösungen setzen dabei auf die Verwendung einer der verbreiteten Javascript-Bibliotheken, um auf eine getestete und ausgereifte Basis zurückzugreifen. Die Implementierungen, die den vorgestellten Ansatz verfolgen, unterscheiden sich darin, ob die Transformation auf dem Server oder auf dem Client erfolgt.

Die Implementierungen, die XForms auf dem Server transformieren, werten es als Vorteil, dass die Deklaration der Formulare nicht an den Client übertragen wird. [17] Die direkte Übertragung würde die Deklaration in XForms für den Client sichtbar machen. Dies würde es ermöglichen sehr leicht Rückschlüsse über den Workflow zu ziehen, was unter bestimmten Umständen vermieden werden soll. Ein Nachteil dieses Ansatzes ist, dass eine weitere Schicht der Verarbeitung von Anfragen auf einem Server eingerichtet werden muss. Dies führt zu einem erhöhten Rechenaufwand auf dem Server, was die Reaktionszeit verschlechtern kann und eine weitere mögliche Fehlerquelle auf dem Server bedeutet. Zu den Implementierungen, die diesen Ansatz verfolgen gehören folgende Systeme:

- Lotus Forms der Firma IBM [18]
- Orbeon Forms der Firma Orbeon [19]
- Chiba, ein Open-Source-Projekt [20]

Die zweite Variante, die Transformation auf dem Client vorzunehmen, hat den Vorteil, dass der Server von dieser Aufgabe entlastet wird, was Rechenzeit spart und die Fehleranfälligkeit reduziert bzw. diese auf den Client verlagert. Nachteil hierbei ist, dass zusätzlich zu dem angeforderten Dokument mit einem Formular in XForms das Programm zur Transformation an den Client gesendet werden muss. Dies erhöht die Datenmenge die zum Client übertragen werden muss. Die Systeme nutzen zur Transformation in der Regel JavaScript, was den Nachteil hat, dass diese nur funktioniert, wenn

Scripting auf der Seite des Clients im Webbrowser aktiviert ist. Folgende Open-Source-Projekte gehören zu den Implementierungen dieser Variante der Transformation:

- Formfaces [21]
- XSLTForms [22]
- AJAX Forms [23]

Die vorgestellten Anbieter versprechen zwar, dass sich ein Entwickler nicht mit dem Vorgang der Transformation befassen muss. Bei der Analyse eines Fehlers wird man in der Praxis aber nicht drum herum kommen auch die Transformationsschicht einzubeziehen. Dies ist bei der Überlegung der Verwendung dieser Implementierungen zu berücksichtigen. Ein Einsatz von XForms ist aus diesem Grund nur in einem Anwendungsgebiet sinnvoll, in dem die Vorteile von XForms gegenüber anderen Möglichkeiten überwiegen. Dies kann insbesondere dann der Fall sein, wenn komplexere formularbasierte Workflows modelliert werden sollen, bei denen eine Abstraktion von der imperativen Implementierung durch eine deklarative Herangehensweise mit XForms den Prozess der Modellierung erleichtert. Daher beschränkt sich die Anwendung von XForms in der Praxis primär auf den Bereich der Abbildung von Workflows im Geschäfts- und Regierungsbereich. [24] In diesen Bereichen wird die Möglichkeit einer deklarativen Entwicklung von Formularen besonders geschätzt, weshalb die Notwendigkeit der Nutzung eines Programms zur Transformation in Kauf genommen wird. In anderen Bereichen des Webs wie beispielsweise den Medien sind XForms wegen der mangelnden Browserunterstützung so gut wie nicht anzutreffen. In diesem Bereich dominiert weiterhin das bewährte HTML-Forms kombiniert mit modernem Scripting in Form von AJAX.

Einordnung und Vergleich zu ähnlichen Standards

Der XForms-Standard ist nur eine Möglichkeit einer Menge von Auszeichnungssprachen zur Beschreibung von Formularen. Es gilt daher XForms in die bereits vorhandene Landschaft von Auszeichnungssprachen einzuordnen.

Formulare sind ein wesentlicher Bestandteil der grafischen Benutzerschnittstellen von Computerprogrammen. Zur Beschreibung grafischer Benutzerschnittstellen etabliert sich neben der imperativen Programmierung zunehmend ein deklarativer Ansatz mittels einer Auszeichnungs-sprache. [25] Imperative Blöcke werden dabei durch Auszeichnungen repräsentiert, die in einem separaten Dokument zur Beschreibung einer grafischen Benutzerschnittstelle dienen. Viele dieser Auszeichnungssprachen basieren auf XML. Auch der XForms-Standard benutzt zur deklarativen Beschreibung von Formularen die Auszeichnungssprache XML. XForms ist der Gruppe dieser Auszeichnungssprachen zur deklarativen Beschreibung grafischer Benutzerschnittstellen zuzuordnen.

Folgende Standards sind ebenso dieser Kategorie zuzuordnen:

- XAML [25]
- MXML [26]
- XUL [27]

XAML ist eine proprietäre Auszeichnungssprache der Firma Microsoft und gehört zur Windows Presentations Foundation. Die Sprache ist seit der Version 3.0 Teil des .Net Frameworks. XAML ist XML-basiert, geht aber in bestimmten Bereichen über die Möglichkeiten von XML hinaus. XAML wird von einem Compiler in die Common Intermediate Language übersetzt, der Zwischensprache des .Net Frameworks. [25]

MXML gehört zum Entwicklungsframework Flex der Firma Adobe. MXML ist ebenso XML-basiert. MXML wird mit zugehörigem Programmcode in der Sprache ActionScript von einem Compiler in Flashdateien kompiliert, die mit dem Flash-Plugin in einem Browser abgespielt werden können. [26]

XUL ist von der Mozilla Foundation entwickelt worden für die Beschreibung der grafischen Benutzerschnittstelle des Webbrowser Firefox und anderer Anwendungen. XUL ist auch XML-basiert. XUL-Dateien werden nicht kompiliert, sondern zur Laufzeit interpretiert. Das Layout einer XUL-Oberläche kann mittels CSS beeinflusst werden. [27]

XForms unterscheidet sich in zwei Punkten von den zuvor beschriebenen Standards dieser Kategorie. Erstens beschreibt XForms mit den Formularen nur einen Teil einer grafischen Benutzeroberfläche. Elemente für Layout, Multimedia-Darstellung oder Animationen, wie sie von anderen Standards bereit gestellt werden, sind in XForms nicht vorgesehen. XForms besetzt insofern nur eine Nische und bietet keine vollwertige Beschreibung grafischer Benutzeroberflächen. Zweitens ist XForms kein alleinstehend verwendbarer Standard. XForms ist für die Anwendung in anderen Standards der XML-Familie vorgesehen, um Dokumente mit Formularen zu erweitern. [2]

XForms ist als ein Spezialist in der Kategorie dieser Auszeichnungssprachen anzusehen. Die vorgestellten typischen Repräsentanten stellen dagegen eine möglichst umfangreiche, generalisierte Sammlung von Elementen für grafische Benutzeroberflächen bereit. Die Intention hinter XForms ist es jedoch nur für den Teilbereich der Formulare Elemente zu definieren. XForms würde daher bei einem direkten Vergleich nicht mit denselben Merkmalen beschrieben werden können wie die anderen erwähnten Standards. Ein direkter Vergleich mit anderen Repräsentanten der Kategorie anhand konkreter Merkmale ist daher an dieser Stelle nicht sinnvoll, da dadurch kein Erkenntniszuwachs zur Abgrenzung und Einordnung von XForms erreicht würde. Vielmehr ist es wichtig die genannten Unterschiede zu betonen, damit deutlich wird, dass XForms für sich alleine genommen kein Substitut für die anderen Repräsentanten der Kategorie der Auszeichnungssprachen für grafische Benutzeroberflächen ist, sondern nur als Erweiterung zu einer anderen Auszeichnungssprache dienen kann, wie es ursprünglich für den XHTML 2.0 Standard geplant war.

Zusammenfassung und Ausblick

Mit XForms steht ein offener Standard für die deklarative Beschreibung von Formularen in XML-Dokumenten bereit. Trotz der Intention HTML-Forms durch XForms zu ersetzen, konnte sich der Standard bisher im Web kaum etablieren, sondern hat sich die Nische der Beschreibung von Formularen in Workflows im Unternehmens- und Regierungsbereich erobert. XForms zeichnet sich durch die Trennung von Daten, Präsentation und Logik aus. Diese Bereiche werden durch einzelne Elemente abgedeckt wie beispielsweise dem *model*-Element für die Daten, den verschiedenen Controls wie dem *input*-Element für die Präsentation oder einer Action wie dem *message*-Element für die Logik. Der Aufbau und Umfang von XForms ermöglicht es viele Nachteile der HTML-Forms zu kompensieren. Der Standard gehört zur Kategorie der Auszeichnungssprachen für grafische Benutzeroberflächen, zeichnet sich aber im Gegensatz zu anderen Vertretern der Kategorie dadurch aus, dass er nur den Teilbereich der Formulare abbildet und nur als Erweiterung für die Einbettung in eine bestehende Auszeichnungssprache der XML-Familie vorgesehen ist.

Es ist noch nicht abschätzbar, ob der XForms-Standard langfristig HTML-Forms ersetzen wird. Die wieder aufgenommene Weiterentwicklung des HTML Standards durch das W3C, die zur Entwicklung von HTML 5 führte, deutet auf eine weiterhin anhaltende Bedeutung von HTML und damit auch von HTML-Forms hin. Das Scheitern des XHTML 2.0 Standards, der unter anderem HTML-Forms durch XForms ersetzten sollte, hat dazu beigetragen, dass ein Ersatz für HTML im Web noch nicht in Sicht ist. Der XForms-Standard wird daher im Bereich des Webs weiterhin Schwierigkeiten haben sich zu etablieren.

Anhang

```xml
<?xml version="1.0" encoding="UTF-8" ?>
<html xmlns="http://www.w3.org/1999/xhtml"
  xmlns:xfm="http://www.w3.org/2002/xforms"
  xmlns:xsd="http://www.w3.org/2001/XMLSchema"
  xmlns:ev="http://www.w3.org/2001/xml-events" xml:lang="en">
  <head>
  <title>XForms Example</title>
  <xfm:model id="contacts">
    <xfm:instance xmlns="">
      <contacts>
        <group name="Business">
          <contact name="Fritzchen Müller" email="fmueller@foobar.com" />
          <contact name="Lieschen Meyer" email="lmeyer@smile.com" />
        </group>
        <group name="Private">
          <contact name="Bodo Böse" email="bboese@hell.com" />
          <contact name="Marion Mäklig" email="mmaeklig@home.com" />
        </group>
      </contacts>
    </xfm:instance>
    <xfm:bind nodeset="instance('contacts')/contacts/group/contact/@email"
      id="bind_email" type="xfm:email" />
    <xfm:bind nodeset="instance('contacts')/contacts/group/contact/@name"
      id="bind_name" constraint="string-length()<10" />
    <xfm:submission id="submit_contacts" method="post"
      resource="http://my.web.com/contacts" />
  </xfm:model>
  </head>
  <body>
    <h1>My Contacts:</h1>
     <xfm:repeat model="contacts" nodeset="/contacts/group">
      <xfm:output ref="@name" />
      <xfm:repeat model="contacts" nodeset="contact">
        <xfm:group ref=".">
            <xfm:input ref="@name">
              <xfm:label>Name:</xfm:label>
            </xfm:input>
            <xfm:input ref="@email">
              <xfm:label>Email:</xfm:label>
              <xfm:message ev:event="xfm:xforms-invalid">No valid
                Email!</xfm:message>
            </xfm:input>
        </xfm:group>
      </xfm:repeat>
    </xfm:repeat>
    <xfm:submit submission="submit_contacts">
      <xfm:label>Submit Contacts</xfm:label>
    </xfm:submit>
  </body>
</html>
```

Quellenverzeichnis

[1] W3C (2006): Extensible Markup Language (XML) 1.1 (Second Edition) W3C Recommendation 16 August 2006, edited in place 29 September 2006, URL: http://www.w3.org/TR/2006/REC-xml11-20060816/, abgerufen am 03.05.2010.

[2] W3C (2009): XForms 1.1 W3C Recommendation 20 October 2009, URL: http://www.w3.org/TR/2009/REC-xforms-20091020/, abgerufen am 03.05.2010.

[3] W3C (2010): The Forms Working Group, URL: http://www.w3.org/MarkUp/Forms/, abgerufen am 03.05.2010.

[4] W3C (2010): XForms Publication History, URL: http://www.w3.org/standards/history/xforms11, abgerufen am 03.05.2010.

[5] W3C (2009): Frequently Asked Questions (FAQ) about the future of XHTML, URL: http://www.w3.org/2009/06/xhtml-faq.html, abgerufen am 05.05.2010.

[6] Dubinko, M. (2003): XForms Essentials, Sebastopol: O'Reily Media.

[7] W3C (1999): XML Path Language (XPath) Version 1.0 W3C Recommendation 16 November 1999, URL: http://www.w3.org/TR/1999/REC-xpath-19991116, abgerufen am 05.05.2010.

[8] Microsoft: Windows Forms, URL: http://msdn.microsoft.com/en-us/library/dd30h2yb.aspx, abgerufen am 03.05.2010.

[9] W3C (2003): XML Events An Events Syntax for XML W3C Recommendation 14 October 2003, URL: http://www.w3.org/TR/2003/REC-xml-events-20031014/, abgerufen am 03.05.2010.

[10] W3C (2002): XHTML™ 1.0 The Extensible HyperText Markup Language (Second Edition) W3C Recommendation 26 January 2000, revised 1 August 2002, URL: http://www.w3.org/TR/2002/REC-xhtml1-20020801, abgerufen am 05.05.2010.

[11] IETF (1999): HTTP/1.1, RFC 2616, URL: http://tools.ietf.org/html/rfc2616, abgerufen am 05.05.2010.

[12] W3Counter (2010): Global Web Stats March 2010, URL: http://www.w3counter.com/globalstats.php?year=2010&month=3, abgerufen am 05.05.2010.

[13] Mozilla Foundation: Mozilla XForms Project, URL: http://www.mozilla.org/projects/xforms/, abgerufen am 04.05.2010.

[14] formsPlayer, URL: http://www.formsplayer.com/, abgerufen am 04.05.2010.

[15] MozzIE, URL: http://sourceforge.net/projects/mozzie/, abgerufen am 04.05.2010.

[16] Garrett, J. (2005): Ajax: A New Approach to Web Applications, URL: http://www.adaptivepath.com/ideas/essays/archives/000385.php, abgerufen am 04.05.2010.

[17] Bruchez, E. (2006): XForms: an Alternative to Ajax?, in: XTech Conference 2006, URL: http://xtech06.usefulinc.com/schedule/paper/133, abgerfuen am 04.05.2010.

[18] IBM: Lotus Forms, URL: http://www.ibm.com/software/lotus/forms/, abgerufen am 03.05.2010.

[19] Orbeon: Orbeon Forms, URL: http://www.orbeon.com/, abgerufen am 03.05.2010.

[20] Chiba, URL: http://chiba.sourceforge.net/index.html, abgerufen am 03.05.2010.

[21] Progeny Systems: Formfaces, URL: http://www.formfaces.com/, abgerufen am 03.05.2010.

[22] agenceXML: XSLTForms, URL: http://www.agencexml.com/xsltforms, abgerufen am 03.05.2010.

[23] AJAXForms, URL: http://ajaxforms.sourceforge.net, abgerufen am 04.05.2010.

[24]   Cagle,   K.   (2009):   The   Key   XForms   Enhancements   in   Version   1.1,   URL: http://www.devx.com/xml/Article/43152/1763/, abgerufen am 04.05.2010.

[25] Louridas, P. (2007): Declarative GUI Programming in Microsoft Windows, in: IEEE Software, Vol. 24, No. 4, S. 16-19.

[25] Microsoft: XAML, URL: http://msdn.microsoft.com/en-us/library/ms752059.aspx, abgerufen am 04.05.2010.

[26] Adobe: About MXML, URL: http://livedocs.adobe.com/flex/3/html/help.html?content=mxml_2.html, abgerufen am 04.05.2010.

[27] Mozilla Foundation: XUL, URL: https://developer.mozilla.org/en/XUL, abgerufen am 04.05.2010.

www.ingramcontent.com/pod-product-compliance
Lightning Source LLC
La Vergne TN
LVHW042128070326
832902LV00037B/1657

XForms ist ein auf XML basierender Standard, der vom W3C herausgegeben wird.
Gegenstand des Standards ist eine plattformunabhängige XML-Standard konforme
Auszeichnungssprache zur Beschreibung von Formularen zur Bearbeitung und Übertragung
von XML-Dokumenten im Web. Die Arbeit gibt einen allgemeinen Überblick zu den
Grundlagen und Prinzipien des Standards. Abgerundet wird die Betrachtung durch die
Darstellung eines Beispiels und die Diskussion der Einsatzbereiche.

www.grin.com

Dokument Nr. V155809
https://www.grin.com
ISBN 9783640699551

9 783640 699551